AF324796

Perrien

septembre 1628.

EDITS

ET 22.

DECLARATIONS

DU ROY

en faveur

DES CONTROLLEURS

pour le Roy sur les Salines,

Portans Exemptions de Logemens de Gens de Guerre,
des Tailles, & des Charges de Ville;

Avec attribution du droit de Committimus,
& autres droits.

A PARIS,

Chez ANDRE' CRAMOISY, ruë de la Harpe,
au Sacrifice d'Abraham.

M. DC. LXXXVI.

EDIT DU ROY

Portant Creation des douze Offices

DE CONTROLLEURS DES SALINES

fur les Barillages à Paris.

OUIS PAR LA GRACE DE DIEU ROY DE FRANCE ET DE NAVARRE : A tous prefens & à venir, Salut. Les Rois nos predeceffeurs pour empêcher les fraudes qui pouvoient être commifes à la levée des droits des Gabelles, ont érigé des Greniers & Chambres à Sel, & en icelles étably certain nombre d'Officiers pour avoir l'œil que leurs droits fuffent confervez, lequel Nous avons été obligez d'augmenter par la malice de nos Sujets, pour éviter les abus & empecher les monopoles qui fe gliffoient efdits Greniers ; mais avec tout nôtre foin Nous n'avons pû faire ceffer la mauvaife intention qu'aucuns de nos Sujets ont de nous fruftrer de nos droits en nôtre bonne Ville de Paris, où les Marchands trafiquans en icelle trouvent tous les jours de nouveaux moyens pour faire entrer & fortir leurs Marchandifes fans rien payer, s'accordent avec leurs Commiffionnaires à la vifite & controlle du Barillage de toutes les Salines & Poiffons falez qui fe chargent & qui arrivent en nôtredite Ville, & font entrer plufieurs fortes de Marchandifes étrangeres defenduës, & qui ne doivent paffer par leur ordre, étoffes de foye, & fur tout grande quantité de faux fel dans des barils liez & accommodez comme barils de harans & molluës, qu'ils vendent fous une fauffe Lettre de voiture à plufieurs particuliers qui en viendroient lever en nôtre Grenier à Sel, lefquels barils paffent pour Salines, fans qu'on s'en puiffe appercevoir fans les ouvrir ; & ne pouvans

remedier à tels abus que par la creation de douze Controlleurs & Vifiteurs du Barillage de toutes les Salines & Poiſſons ſalez qui ſe chargent
& déchargent, & qui arrivent en nôtredite Ville de Paris, avec attribution de pareil droit que levent les Facteurs des Marchands forains
pour la facture, charge & décharge dudit Barillage, *au lieu de ceux qui
l'exercent à preſent*, qui Commiſſionnaires deſdits Marchands favoriſent
leurs fraudes. A CES CAUSES, de l'avis de nôtre Conſeil, où étoient
pluſieurs Princes, Ducs, Pairs, Officiers de noſtre Couronne, grands
& notables Perſonnages de noſtre Conſeil, de l'avis d'iceluy, & de
noſtre certaine ſcience, pleine puiſſance & autorité Royale, Avons par
ce preſent Edit perpetuel & irrevocable creé & érigé, creons & érigeons
en chef & titre d'Office formé, douze Controlleurs & Viſiteurs du Barillage de toutes les Salines & Poiſſons ſalez qui ſe chargent & déchargent & qui arrivent en noſtredite Ville de Paris, auſquels Nous avons
attribué & attribuons vingt ſols pour chacun leſt de Barillage, qui ſont
les deux tiers ſeulement du droit que levent les Facteurs des Marchands
forains ponr la facture, charge & décharge dudit Barillage, pour y être
dês à preſent par Nous pourvû; & cy-aprês lorſque vacation y échera de
perſonnes capables, *Voulons que les pourvûs deſdits Offices preſentement
créez & leurs ſucceſſeurs joüiſſent des mèmes honneurs, autoritez, préeminences,
privileges, franchiſes & immunitez que nos Controlleurs des Greniers à Sel de
nôtre Royaume.* Si donnons en mandement à nos amez & feaux Conſeillers les Gens tenans noſtre Cour des Aides à Paris, que noſtre preſent Edit ils faſſent lire, publier & regiſtrer, & le contenu en iceluy
inviolablement garder & obſerver, joüir & uſer pleinement & paiſible-
ment les pourvûs deſdits Offices, nonobſtant oppoſitions ou appellations
quelconques, Edits, Ordonnances, Reglemens, Statuts & Lettres au
contraire, auſquelles & aux dérogatoires des dérogatoires y contenuës
Nous avons dérogé & dérogeons par ces preſentes; Car tel eſt noſtre
plaiſir. Et afin que ce ſoit choſe ferme & ſtable à toujours, Nous avons
à icelles fait mettre noſtre Scel, ſauf en autres choſes noſtre droit & l'au-
truy en toutes. Donné au Camp devant la Rochelle au mois de Septembre l'an de grace 1628. & de noſtre regne le 19. *Signé* LOUIS, *& plus
bas*, Par le Roy, LE BEAUCLERC. *Viſa.*

*Lû, publié & regiſtré par le commandement du Roy, porté par Monſieur le Comte
de Soiſſons aſſiſté du ſieur Maréchal de Baſſompierre, & des ſieurs de Roiſſy & de
Bulion, Conſeillers és Conſeils d'Etat de Sa Majeſté, oüy & ce conſentant le Procureur General. A Paris le 31. & dernier jour de Decembre l'an 1629.*
Signé DELAISTRE.

DU JUGEMENT rendu par les Prefident, Lieutenant & Elûs en l'Election de Paris le 17. Janvier 1631. pour les Controlleurs & Vifiteurs du Barillage des Salines, à l'encontre des Marchands de Salines, leurs Facteurs & Voituriers, a été extrait ce qui enfuit :

AVONS Enjoint & enjoignons à tous Mariniers, Maîtres de Bateaux & Voituriers amenans de la Marchandife de Poiffon de mer falé en cette Ville, incontinent leur arrivée & avant que faire aucune décharge, de porter & communiquer aux Controlleurs des Barillages, en leur Bureau, les declarations des Marchandifes qu'ils auront amenées & conduites, enfemble leurs Lettres de voiture, contenant au vray la qualité & quantité d'icelles, à peine de 500. livres d'amende & de confifcation. *figné* BACHELIER.

DE LA DECLARATION DU ROY

Louïs XIII. en faveur des Controlleurs des Gabelles, & autres droits de Sa Majefté ; donnée à Fontainebleau le 9. Juillet 1634. verifiée en la Cour des Aides à Paris le 8. Aouft enfuivant, inferée dans le Livre 10. titre 18. des Ordonnances, article 332. a été aussi extrait ce qui enfuit :

NOUS Avons parcetuy noftre prefent Edit perpetuel & irrevocable attribué & attribuons le pouvoir d'informer fur les avis & plaintes des contraventions à nos Ordonnances fur le fait de nos droits, & faire toutes recherches & en tous lieux, tant des perfonnes, marchandifes qu'autres chofes provenantes defdites contraventions, pour fur lefdites informations faites & remifes au Greffe de leur reffort, être par nos Officiers Juges d'iceluy le procês fait aux delinquans, d'entrer auffi & avoir féance avec nos Officiers defdits Greniers, &c. *& Outre Nous Avons Exempté & exemptons* Nofdits Con^{rs}, Controlleurs, Confervateurs particuliers des Gabelles, Aides & autres nos Fermes, de toutes tutelles, curatelles, commiffions aux biens faifis, logemens de Gens de guerre, contributions d'étapes, & autres charges dont les Officiers de

nos Elections font exempts ; & pour l'exercice defdits Offices nos Con^{ers},
Controlleurs, Confervateurs particuliers des Gabelles, feront reçûs
pardevant les Officiers de nos Greniers à Sel, & pour la reception &
inftallation en chacun defquels Offices nofdits Con^{ers}, Controlleurs,
Confervateurs particuliers ne feront tenus payer que douze livres, y com-
pris l'expedition qui leur en fera delivrée par le Greffier.

DE L'ARREST DV CONSEIL D'ESTAT,
obtenu par les Controlleurs des Salines le 8. May 1674,
a été extrait ce qui enfuit.

du
on-
ze
ans
du
m-

SUR la Requefte prefentée en fon Confeil par les Controlleurs &
Vifiteurs pour le Roy des Barillages des Salines & Poiffons falez qui
arrivent, fe chargent & déchargent en cette Ville & Fauxbourgs de
Paris, tant pour la provifion de ladite Ville que paffant debout par
icelle, contenant &c. Oüy le rapport du fieur Colbert, Confeiller ordinaire au Confeil Royal, Controlleur General des Finances : LE ROY
EN SON CONSEIL a Ordonné & ordonne que les douze Controlleurs
des Barillages de Salines joüiront des droits a eux attribuez par les Edits
& Declarations de Sa Majefté, & du droit de Committimus, ainfi qu'ils
faifoient auparavant l'Ordonnance du mois d'Aouft 1669.
Signé FOUCAULT.

*Enregiftré au Greffe des Requeftes de l'Hoftel du Roy, pour être executé felon fa forme
& teneur, fuivant l'Arreft de ladite Cour de ce jourd'hny 7. Juin 1674.*
Signé LAMYRAULT.

*Lû, publié & regiftré ès Regiftres de l'Audience de la Chancellerie de Paris, de
l'Ordonnance de Monfieur Dubois de Guefdreville, Confeiller du Roy en tous fes
Confeils, Prefident en fon Grand Confeil, & Maitre des Requeftes ordinaire de fon
Hoftel, y tenant le Sceau, par moy Confeiller Secretaire du Roy, Maifon, Couronne
de France, & Audiencier en ladite Chancellerie. A Paris le 27. jour de Juin 1674.*
Signé BOUCOT.

EXTRAIT DES REGISTRES
des Requeſtes de l'Hoſtel du Roy.

VEU par les Maîtres des Requeſtes ordinaires de l'Hoſtel du Roy, Juges Souverains en cette partie, l'Arreſt du Conſeil d'Etat du Roy du 8. jour de May 1674. rendu ſur la Requeſte des Controlleurs Viſiteurs pour le Roy des Barillages des Salines & Poiſſons ſalez qui arrivent, ſe chargent & déchargent en cette Ville & Fauxbourgs de Paris, tant pour la proviſion de ladite Ville que paſſant debout par icelle, par lequel entr'autres choſes Sa Majeſté a ordonné qu'ils joüiront du droit de Committimus à eux attribué par les Edits & Declarations rendus en leur faveur, ainſi qu'ils faiſoient auparavant l'Ordonnance du mois d'Aouſt 1669. Requeſte deſdits Controlleurs de Salines afin d'enregiſtrement dudit Arreſt. Concluſions du Procureur General du Roy; oüy le rapport du ſieur Commiſſaire à ce deputé : Tout conſideré. Leſdits Maîtres des Requeſtes, *Iuges ſouverains* en cette partie, *ont Ordonné* & ordonnent que ledit Arreſt ſera regiſtré au Greffe, lû, publié en l'Audience de la Chancellerie du Palais, pour être executé, & joüir par les Supplians de l'effet & contenu en iceluy ſelon ſa forme & teneur. Donné à Paris auſdites Requeſtes de l'Hoſtel le 7. jour de Juin 1674. *ſigné* LOUVET.

PROVISIONS DE L'OFFICE
DE CONTROLLEUR DES SALINES
ſur les Barillages à Paris.

LOUIS par la grace de Dieu, Roy de France & de Navarre : A tous ceux qui ces preſentes verront, ſalut. Sçavoir faiſons, que pour le Bon Raport qui nous a été fait de la perſonne de Philippe Caſſany, & de ſes ſens, ſuffiſance, loyauté, prud'homie, experience & bonne diligence ; pour ces cauſes Nous luy avons donné & octroyé, donnons & octroyons par ces preſentes, l'Office de Controlleur & Viſiteur de Barillage des Salines & Poiffons falez qui fe chargent, déchargent & arrivent en nôtre ville de Paris, que tenoit & exerçoit défunt Nicolas Buffilliere, dernier poffeffeur dudit Office, decedé le 13. Fevrier dernier, qu'il avoit payé le Preft & Droit Annuel, au moyen dequoy Damoiselle Anne Prée fa veuve, Nous auroit nommé & prefenté ledit Caffany par fa Procuration cy-attachée avec les autres pieces, fous le contre-fel de nôtre Chancelerie, pour ledit Office avoir, tenir, exercer, joüir, & ufer par ledit Caffany aux honneurs, autoritez, prérogatives, préeminences, franchifes, libertez, droits, fruits, profits, revenus & émolumens y appartenans, tels & femblables, & tout ainfi qu'en a deu joüir ledit défunt Buffilliere, *même du droit de Committimus*, à luy & à fes Confreres confirmé par Arreft de nôtre Confeil d'Eftat du 8. May 1674. encore qu'il n'ait vécu les 40. jours portez par nos Ordonnances, de la Regle defquelles attendu ledit Droit Annuel pour ce payé, Nous l'avons relevé & difpenfé: Si donnons en Mandement aux Prefident, Lieutenant & Elûs en l'Election de Paris *& autres nos Iufticiers & Officiers qu'il appartiendra*, Qu'après leur être apparu des bonne vie, mœurs, converfation & Religion Catholique Apoftolique & Romaine dudit Caffany, & de luy pris & receu le ferment en tel cas requis & accoûtumé, ils le mettent & inftituent, ou faffent mettre & inftituer de par Nous en poffeffion & joüiffance dudit Office, & iceluy enfemble des honneurs, autoritez, prerogatives, préeminences, franchifes, libertez, droits, fruits, profits, revenus & émolumens fufdits, le faffent, fouffrent & laiffent joüir, & ufer pleinement & paifiblement, & à luy obeïr & entendre de tous ceux & ainfi qu'il appartiendra és chofes concernant ledit Office: Car tel eft noftre plaifir, en témoin dequoy nous avons fait mettre nôtre Scel à cefdites prefentes. Donné à Verfailles le treiziéme jour d'Aouft, l'an de grace 1676. & de noftre Regne le trentequatriéme. *& plus bas*, Par le Roy, *figné fur le reply*, BENOIST. *& fcellé*.

CE jourd'huy 29. *Aouft* 1676. ledit *Caffany* dénommé efdites *Lettres* a été receu en l'Office de Controlleur & Vifiteur du Barillage de toutes les Salines & Poiffons falez de cette ville de Paris, oüy & ce confentant le Procureur du Roy, information préalablement faite des vie, mœurs, Religion Catholique Apoftolique & Romaine dudit Caffany, & apres qu'il a fait le ferment au cas requis & accoûtumé, de bien & fidelement exercer ledit Office. Fait en l'Election de Paris, les an & jour que deffus. Signé MESTAYER.

Enregiftré au Bureau des Officiers de la Gabelle & Grenier à Sel de Paris le 6. Juillet 1678. Signé, BAUSSAY

EXTRAIT

du Livre des Ordonnances, sur le fait des Finances du 10. Juin 1680.

TITRE CINQUIEME.

De la Vente en gros dans Paris.

ARTICLE II.

Voulons neanmoins que pour le Vin du crû quand il sera voituré par eau, il ne soit payé aucun droit de gros & d'augmentation à l'entrée; & quand il sera voituré par terre, nos droits de gros & d'augmentation soient consignés à l'entrée & rendus ensuite par le Fermier en luy raportant l'acquit, pourveu & non autrement en l'un & en l'autre cas que les Bourgeois ayent fait enregistrer au Bureau de nos Aides, les titres de leur proprieté, ou qu'ils les representent au Fermier, & qu'ils luy en laissent une copie signée d'eux, contenant le denombrement par tenans & aboutissans des Vignes dont ils sont proprietaires ou possesseurs, & la quantité du Vin qu'ils y ont recueilly, avec declaration qu'ils les font façonner à leurs dépens: & en cas de fausse declaration, sera le Vin confisqué.

☙❧☙❧☙❧☙❧☙❧☙❧☙❧☙❧☙❧☙❧☙❧☙❧

DE L'EDIT DU ROY

Portant réünion des Controlleurs & autres Officiers des Greniers à Sel aux Elections.

Donné à Versailles au mois de Ianvier 1685. a été Extrait ce qui ensuit.

Oüiront pareillement tous les Officiers unis des honneurs prerogatives & fonctions dont ils joüissent respectivement, même les Officiers des Greniers reservez & unis, *de l'exemption des Tailles*, conformément aux attributions qui en ont été faites aux Officiers des Elections, ausquels Officiers des Elections, Nous avons attribué & attribuons chacun un demi minot de Sel de franc salé par chacune année, pour les égaler en droits aux Officiers qui servoient en nos Greniers, & qui leur sont presentement unis.

COMMITTIMVS.

LOUIS par la grace de Dieu Roy de France & de Navarre : Au premier noftre Huiffier ou Sergent Royal fur ce requis, falut. De la partie de Denis Bidart, *l'un des douze Controlleurs & Vifiteurs des Salines & Barillages* en noftre bonne ville de Paris, étant à caufe de ce en noftre protection & *fauvegarde* : Nous te mandons que toutes les debtes à luy deuës, tu les luy faffes payer, en contraignant à ce faire fes debiteurs par les voyes qu'ils y font obligez & condamnez, & en cas d'oppofition, refus ou delay, affignes les oppofans, refufans, ou dilayans redevables de deux cens livres & audeffus, pardevant nos amez & feaux Confeillers les Maîtres des Requeftes de noftre Hoftel, ou les Gens tenans les Requeftes de noftre Palais à Paris, au choix & option dudit expofant, & envertu des prefentes de renvoyer incontinent & fans delay aufdites Requeftes de noftre Hoftel ou de noftre Palais à Paris, au choix dudit expofant toutes les caufes perfonnelles, poffeffoires ou mixtes, que ledit expofant a ou aura cy-après en quelque jurifdiction que ce foit, ou defquelles caufes il voudra prendre la garentie, ou fe joindre à icelles, pourveu qu'elles foient entieres & non conteftées : Te défendons neanmoins connoiffance de caufe, *ces prefentes après un an non valables.* Car tel eft noftre plaifir. Donné à Paris le troifiéme jour d'Aouft, l'an de grace mil fix cens quatre-vingt-fix, & de noftre Regne le XLIV. *& plus bas,* Par le Confeil, *figné,* DE CRESSE'. *& fcellé.*

Collationné aux Originaux par Nous Confeiller Secretaire du Roy, Maifon, Couronne de France & de fes Finances.

NOMS ET DEMEVRES
des douze Controlleurs & Visiteurs pour le Roy sur les Salines.

Suivant l'ordre de leur reception.

M. Pierre Philipart,
Montagne sainte Genevieve.

M. Jean le Veneur,
rue des Arcis.

M. Philippe Caffany,
au Bureau desdits Controlleurs.

M. Jean Goullet,
Quay de la Megisserie.

M. Jean Navelier, sieur de Ver-
teville, *rue S. Honoré.*

M. Denis Bidart,
rue S. Antoine.

M. Antoine Turault, sieur du
Buisson, *rue de l'Arbre-sec.*

M. Nicolas Caffault,
rue S. Martin.

M. François Aubriet,
en l'Hostel de Condé.

M. Marin Cochin,
Cloistre S. Germain des Prez.

M. Denis de Breval,
rue Bourg-l'Abbé.

M. Pierre Manseau,
en l'Hostel de Maintenon.

OFFICIERS VETERANS.

M. Adrien Guytonneau.
M. Pierre Ruby.

www.ingramcontent.com/pod-product-compliance
Lightning Source LLC
LaVergne TN
LVHW010250060726
842527LV00007B/2716